GANAR, AHORRAR, GASTAR

Tu dinero

Margaret Hall

Heinemann Library
Chicago, Illinois

Customer Service 888-454-2279
Visit our website at www.heinemannlibrary.com

Designed by Kimberly R. Miracle and Cavedweller Studio
Photo research by Tracy Cummins and Heather Mauldin
Illustrations by Mark Preston Illustration
Printed by Leo Printing Company
Translation into Spanish produced by DoubleO Publishing Services

12 11 10 09 08
10 9 8 7 6 5 4 3 2 1

10 Digit ISBN: 1-4329-1776-5 (hc)   1-4329-1781-1 (pb)
13 Digit ISBN: 978-1-4329-1776-0 (hc)   978-1-4329-1781-4 (pb)

Library of Congress Cataloging-in-Publication Data

Hall, Margaret, 1947-
   [Your allowance. Spanish]
   Tu dinero / Margaret Hall. -- New ed.
      p. cm. -- (Ganar, ahorrar, gastar)
   Includes index.
   ISBN 978-1-4329-1776-0 (hardcover) -- ISBN 978-1-4329-1781-4 (pbk.)
   1. Children--Finance, Personal--Juvenile literature. 2. Children's allowances--Juvenile literature. 3. Saving and investment--Juvenile literature. I. Title.
   HG179.H234718 2008
   332.024--dc22
                              2008013209

Acknowledgments
The author and publishers are grateful to the following for permission to reproduce copyright material: Mike Brosilow **pp. 6, 10, 15**; Corbis **pp. 9** (Randy Faris), **26** (Fabio Cardoso), **27** (Robert Sciarrino/Star Ledger); Getty Images **pp. 7** (Xavier Bonghi), **12** (Johner), **13** (Piotr Sikora), **17** (Stewart Cohen/Pam Ostrow), **18** (ROBYN BECK/AFP), **23** (Ryan McVay), **28** (Mark Harmel), **29** (Stewart Cohen); istockphoto, Heinemann Raintree **p. 11** (David Rigg); **p. 22** (Aaron Kohr); PhotoEdit **pp. 4** (Felicia Martinez), **5** (Richard Hutchings), **8** (Michael Newman), **14** (Mary Kate Denny), **16** (Mary Steinbacher), **19** (Jeff Greenberg), **20** (Spencer Grant), **21** (Michael Newman), **25** (Bill Aron).

Cover photographs reproduced with permission of Getty Images (Lenora Gim) and Getty Images (royalty free) (piggybank).

Disclaimer

Contenido

Algunas palabras aparecen en negrita, **como éstas**.
Puedes encontrar sus significados en el glosario.

¿Qué es una mesada?

La mesada es el dinero que recibes de tu familia. La mesada puede ser semanal o mensual. Puede ser una cantidad pequeña, como 50 centavos o un dólar, o puede ser una cantidad mayor, como 5 dólares o más.

Muchos niños ganan su mesada realizando quehaceres domésticos u otros trabajos de la casa.

Este niño gana su mesada lavando los platos.

Algunas veces, para ganar tu mesada, debes hacer quehaceres domésticos u otros trabajos pequeños. El dinero que recibes como mesada es tu **ingreso**. Es el dinero que puedes utilizar a tu gusto. Recibir una mesada puede enseñarte a administrar el dinero.

Cómo aumentar tus ingresos

La mesada no es la única forma de obtener dinero. Hay otras maneras de aumentar tus ingresos. Si recibes dinero como regalo de **cumpleaños** o en alguna otra ocasión especial, también esto es parte de tus ingresos.

Muchos niños reciben dinero como regalo de cumpleaños.

Algunos niños ganan dinero al vender algo.

Todo el dinero que ganas forma parte de tus ingresos.
Tus padres pueden pagarte por hacer un trabajo especial
o importante. O un vecino puede pagarte por hacer una tarea
doméstica. Incluso puedes empezar un **negocio**. Si recibes
dinero por vender refrescos o pasear perros, ese dinero
también es parte de tus ingresos.

Cómo usar tus ingresos

Independientemente de cuán grandes o pequeños sean tus **ingresos**, debes decidir cómo usarlos. Puedes usar tu dinero para comprar cosas que necesitas o deseas.

Es importante aprender cómo gastar el dinero con inteligencia.

Puedes ahorrar el dinero para tener una cantidad mayor más adelante, o también puedes usar parte de tus ingresos para ayudar a otras personas. Si te organizas bien, puedes hacer las tres cosas. Puedes gastar parte del dinero, ahorrar otra parte y dar algo para ayudar a otros. Tú decides cómo hacerlo.

Puedes comenzar a ahorrar en una alcancía.

Cómo preparar un presupuesto

Un presupuesto es un plan para usar el dinero. Puedes hacer tu propio presupuesto semanal o mensual. Primero piensa en el dinero que recibes cada semana o mes. Luego, decide qué cantidad del dinero necesitas o deseas gastar, cuánto quieres ahorrar para el futuro y cuánto quieres regalar.

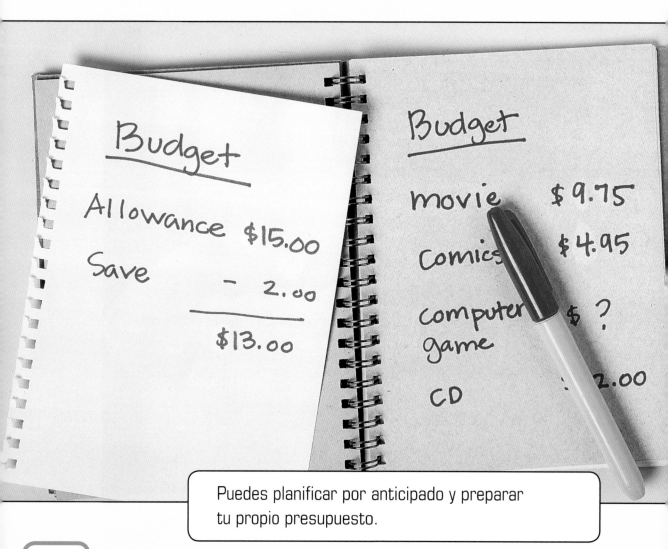

Puedes planificar por anticipado y preparar tu propio presupuesto.

A veces, es útil mantener el dinero en diferentes sobres claramente marcados.

Una vez que tengas un presupuesto, trata de mantenerlo. Cuando recibas tu mesada y cualquier otro **ingreso**, divide el dinero en tres partes: dinero para gastar, dinero para ahorrar y dinero para regalar.

Gastos en necesidades y deseos

Tu familia se ocupa de tus **necesidades**. Ellos pagan las cosas que necesitas para vivir, como la comida, la vivienda y la ropa. Tú también puedes gastar parte de tu dinero en tus necesidades. Si tus zapatos de tenis te quedan chicos, puedes contribuir a comprar un par nuevo con tu dinero.

Ayudar a tu familia a comprar algo hace que esto sea más especial.

Pero también puedes usar tu dinero para satisfacer algún **deseo**. Los deseos son cosas que te gustaría tener pero que no necesitas realmente. Tal vez desees comprarte un nuevo juguete o un libro, o ir al cine con un amigo. Puedes gastar tu dinero en esas cosas.

Estas niñas miran accesorios y juguetes, que son objetos que la gente desea, pero no necesita.

Cómo elegir en qué gastar

Donde quiera que vayas, verás cosas que te gustaría hacer o tener. Tanto las películas, como los videojuegos y las meriendas cuestan dinero. Probablemente no tengas el dinero suficiente para pagar todo lo que deseas comprar o hacer. Eso significa que debes elegir.

Puedes pedirles consejo a tus familiares acerca de cómo gastar el dinero. Pero tú debes tomar la decisión final.

Para poder respetar tu presupuesto, es posible que debas elegir qué es lo más importante para ti.

Primero, analiza tu **presupuesto** para ver cuánto dinero quieres gastar por semana. Luego, prepara una lista de las cosas que deseas comprar o hacer. Elige las cosas que te gustaría comprar o hacer en primer lugar.

Cómo ser un comprador inteligente

Ser un comprador inteligente te permite aprovechar tu dinero al máximo. Imagina que deseas comprar un juego o un sombrero. Como comprador inteligente, primero debes hacerte varias preguntas.

¿Cuánto cuesta este sombrero?

¿Puedo comprarlo en otro lugar por menos dinero?

¿Podré usarlo por mucho tiempo o me va a quedar chico pronto?

¿Es de buena calidad o puede desgastarse fácilmente?

Los compradores inteligentes piensan cuidadosamente en lo que desean comprar.

Las revistas, los periódicos, la **Internet** e, incluso, los programas de televisión pueden darte información sobre las cosas que deseas comprar. Luego de responder a estas preguntas, podrás decidir mejor cómo gastar tu dinero.

Cómo comprar lo que todos desean

Es agradable tener algunas de las cosas que tus amigos también tienen. Pero, ¿qué pasa si todos quieren lo mismo? Los negocios sólo tienen una cierta cantidad de artículos para vender: ésa es la **oferta**. La **demanda** del artículo es la cantidad de gente que quiere comprarlo.

La demanda de algunos juguetes es muy grande, lo cual hace que sean caros y difíciles de encontrar.

Conviene esperar hasta que la demanda de un artículo no sea tan grande. De esta forma, no pagarás por el artículo más de lo que realmente vale.

Cuando algo es muy popular, la demanda puede ser mayor que la oferta. Eso significa que el artículo se agota en las tiendas y que no todos los que lo quieren podrán comprarlo. Cuando esto sucede, es probable que la gente pague más por el artículo, ya que la tienda podría aumentar el precio cuando reciba más existencias del artículo.

Cómo ahorrar dinero para el futuro

Tu **presupuesto** debería tener un plan de ahorro de dinero. Si cada semana ahorras dinero, tendrás más en el futuro. Eso significa que estarás en condiciones de comprar algo que ahora no puedes comprar porque es muy caro.

Si no gastas todo tu dinero en un solo artículo, te quedará dinero para comprar otra cosa.

Comienza tu plan de ahorro pensando en algo que te gustaría tener dentro de unos meses o incluso dentro de un año. Tal vez quieras una nueva bicicleta o una guitarra. Cada semana separa algo de tu dinero y destínalo al ahorro. Llevará tiempo, pero puedes ahorrar lo suficiente como para comprar algo grande.

Si has trabajado duro para ahorrar dinero, cuando compres lo que deseas, te sentirás muy satisfecho.

Dónde guardar el dinero

Puedes guardar parte de tu mesada en un cajón o en una caja de zapatos en tu casa. Pero es más seguro guardarlo en un **banco** donde no puede extraviarse o ser robado. La mayoría de los bancos no permite que los niños abran **cuentas de ahorros**. Sin embargo, es probable que puedas abrir una **cuenta de ahorros conjunta** con un adulto. El dinero seguirá siendo tuyo.

El banco es una **institución de negocios** que ofrece servicios a los clientes. Todos los servicios se relacionan con el dinero.

El banco utiliza el dinero que le das para brindar servicios a otras personas y negocios. Pero puedes obtener tu dinero en el momento en que lo desees.

Para abrir una cuenta de ahorros conjunta, tú y el adulto tendrán que firmar unos papeles. Luego pondrás tu dinero en el banco. Esto se llama hacer un **depósito**. El banco guardará el dinero hasta que lo necesites.

Cómo crecen tus ahorros

El **banco** es un buen lugar para ahorrar dinero. Tus ahorros crecerán en el banco, ya que la institución te paga por depositar tu dinero ahí. A tu dinero, el banco le agrega una pequeña cantidad, llamada **interés**. El interés es para ti.

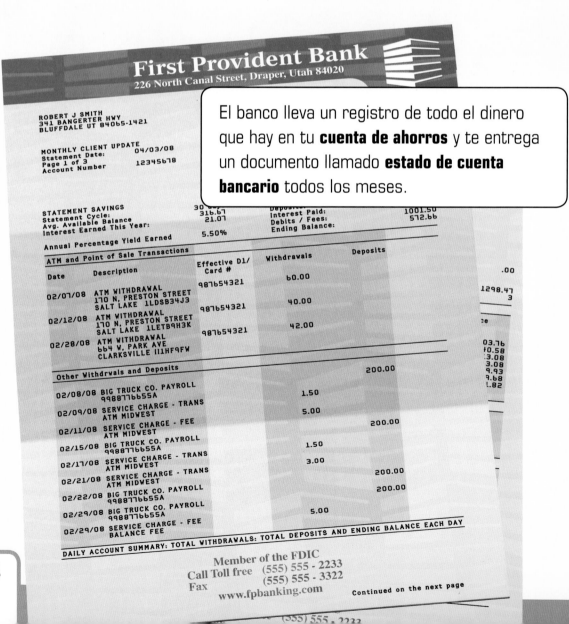

El banco lleva un registro de todo el dinero que hay en tu **cuenta de ahorros** y te entrega un documento llamado **estado de cuenta bancario** todos los meses.

Cuanto más tiempo dejes tu dinero en una cuenta de ahorros, más intereses ganarás. Cada cantidad de dinero que **deposites** en tu cuenta, también generará intereses. Mientras más dinero deposites en la cuenta, más intereses ganarás. Los intereses permiten que tu dinero crezca y, además, el dinero en el banco está más seguro que en tu hogar.

Los depósitos y el interés permiten que las cuentas de ahorro crezcan.

Gastar para ayudar a otras personas

Puedes usar tu dinero para comprarles regalos a tus seres queridos. También puedes darles dinero a personas que no conoces. Puedes comprar comida para ayudar a las personas que pasan hambre o contribuir con quienes proporcionan vivienda a las personas sin hogar.

Comprar regalos para otras personas con tu propio dinero te hace sentir bien.

El **Ejército de Salvación** usa tu dinero para ayudar a otras personas.

No tienes que salir a buscar a personas que necesiten dinero. Los bancos de alimentos comunitarios y las organizaciones como la **Cruz Roja** recaudan dinero y lo usan para ayudar a otras personas. Conversa con tu familia acerca de la mejor manera de **donar** tu dinero.

El dinero y tu futuro

Probablemente no tengas mucho dinero ahora, pero nunca es demasiado temprano para aprender cómo utilizarlo con inteligencia. Algún día tendrás un trabajo y ganarás un **salario**. Tendrás que gastar parte de tu salario en **necesidades**, como comida, ropa y un lugar para vivir.

El trabajo de una persona generalmente le proporciona la mayor fuente de **ingresos**.

Muchas personas ahorran para gastos adicionales, como las vacaciones.

También desearás poder pagar cosas adicionales, como un auto o unas vacaciones. Deberás ahorrar para el futuro. Querrás ayudar a otros. Si sabes cómo usar el dinero con inteligencia, ¡podrás hacer todo eso!

Glosario

banco institución de negocios que ofrece servicios relacionados con el dinero

Cruz Roja grupo que ayuda a personas lesionadas, sin hogar y enfermas durante guerras o desastres naturales

cuenta de ahorros servicio ofrecido por el banco para guardar dinero

cuenta de ahorros conjunta dinero en el banco que pertenece a más de una persona

demanda cantidad de personas que desean comprar un artículo

depósito dinero agregado a una cuenta del banco; agregar dinero a una cuenta del banco

deseos cosas que las personas quisieran tener, pero que no son necesidades

donar regalar

Ejército de Salvación grupo que ayuda a personas que pasan hambre, están enfermas o que no tienen vivienda

estado de cuenta bancario registro de lo que ocurre con el dinero que una persona guarda en el banco

ingreso dinero que una persona recibe por un trabajo o de otras fuentes

institución de negocios organización creada para ganar dinero con la venta de algo o la prestación de un servicio

interés dinero que el banco paga a sus clientes por colocar sus ahorros en el banco

Internet red informática mundial a través de la cual se comparte información

necesidades cosas que una persona debe tener para poder vivir

oferta cantidad de artículos disponibles para la venta

presupuesto plan para saber cómo utilizar el dinero

salario dinero que una persona recibe por el trabajo que ha realizado

Descubre más

Donovan, Sandy. *Budgeting*
   Minneapolis, MN: Lerner Publications, 2006.
Kiefer, Jeanne. *Jobs for Kids*
   Brookfield, CT: Millbrook Press, 2003.
Rau, Dana Meachen. *Spending Money*
   Milwaukee, WI: Gareth Stevens, 2006.

Para obtener más información acerca del dinero en los Estados Unidos, visita el sitio web educativo del Departamento del Tesoro de los Estados Unidos en: http://www.ustreas.gov/education/

Índice